Berlin · Fischland · Weltweit

Die beliebteste Seenadel der Welt

© 2022 by fischlandverlag
Alle Rechte vorbehalten.

7. Auflage 2023

Text: Nicole Bernard
Illustrationen: Nane Friedel
Lektorat: Christine Teske
Satz und Layout: Hagen Hansen Designbüro
gedruckt und gebunden in Rostock
Made in Germany

Die Schreibweise in diesem Buch entspricht den Regeln
der neuen deutschen Rechtschreibung.
Die Deutsche Nationalbibliothek verzeichnet
diese Publikation in der Deutschen Nationalbibliografie.

ISBN 978-3-941652-01-9

Unser gesamtes lieferbares Programm und viele andere
Informationen finden Sie unter: **www.die-kleine-seenadel.de**

Die kleine Seenadel ®

„Auf zur Steilküste"

Eine Geschichte von Nicole Bernard

mit Bildern von Nane Friedel

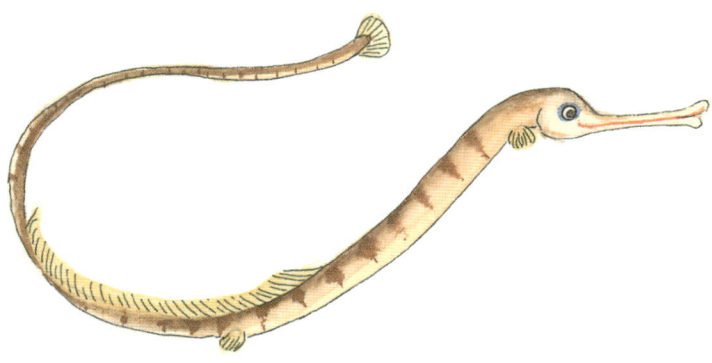

Dieses Buch gehört:

....

Für Esther, die kleine Seenadel, war es das Wunderbarste, durch das große, weite Meer zu schwimmen. Mit ihrem langen, dünnen Körper, der beim aufmerksamen Hinschauen einer kräftigen Nähnadel glich, bewegte sie sich schnell, geschickt und sicher in der heimatlichen Nord- und Ostsee voran. Und wenn man genau hinsah, konnte man ihr die Freude, die sie dabei empfand, wahrlich an ihrer wohlgeformten Schnabelspitze ablesen, die dem Betrachter ein genüssliches Lächeln verriet. Esther schaute immer freundlich drein und war mit einer unbegrenzten Neugierde und Abenteuerlust ausgestattet. Nur einmal, da war der kleinen Seenadel gar nicht fröhlich zumute, denn eine starke Strömung stellte sich ihren zarten Flossenschlägen aufbäumend entgegen, und so ging es nur mühsam voran. Esther strengte sich tüchtig an.

Schließlich war es für ihre winzigen Flossen nicht leicht, gegen die kräftigen Wellen anzuschwimmen. „Ach, wenn das Meer sich doch beruhigen könnte", dachte sie bei sich. Doch die kleine Esther war eine kluge Seenadel, denn sie hatte in der Kleinfischschule bei Lehrer Flossenschlau immer gut aufgepasst. Deshalb sprach sie fast atemlos mit ihrem hübschen, langen Schnäbelchen wieder und wieder vor sich hin:

„Viele kleine Flossenschläge machen einen langen, weiten Weg…,
viele kleine Flossenschläge machen einen langen, weiten Weg."
Das gab ihr Mut. Und Kraft. Und so schwamm sie tapfer weiter, immer ihrem langen Schnabel nach, immer Richtung Norden, nach Hause, dorthin, wo ihre geliebte Steilküste in die Ostsee hineinragte.

Es war eine lange Zeit vergangen. Viele Male hatte Esther des Morgens die Sonne am Horizont aufgehen sehen und viele Male des Nachts den Mond über dem Meer leuchten. Doch einmal hörte sie bei Einbruch der Dunkelheit das Jammern einer nicht eindeutig bestimmbaren Kreatur am Meeresgrund. „Haaaalloooo, öm ich meine Hüüülfä, könnte mich bitte höflichst jemand aus meiner misslichen Laaaagä befreien?!?" Esther, die kleine Seenadel, schwamm eilig auf die dringlich klingende Stimme zu. Sie entdeckte einen kleinen Taschenkrebs, bei dem sich lange Seetangarme um seine Scheren geschlungen hatten. Nun konnte er sich gar nicht mehr bewegen. „Was ist denn das für ein Kuddelmuddel?", schimpfte Esther. „Du bist ja völlig verheddert!" „Frag nicht so dumm, tu lieber etwas, damit ich meine Scheren wieder ausstrecken kann!" forderte der Taschenkrebs ungeduldig.

Esther schob ihren langen Schnabel unter die Windungen des Seetangs und schwamm eiligst vor und zurück, vor und zurück, als würde sie ein Fischernetz durchsägen. Plötzlich gab es einen kräftigen Ruck, die Seetangarme waren durchtrennt und die kleine Seenadel sauste ein ganzes Stück voran. Endlich war der kleine Taschenkrebs wieder frei.

Erleichtert streckte er seine Scheren in alle

Himmelsrichtungen aus und bedankte
sich außerordentlich überschwänglich
bei der kleinen Seenadel. „Vielen Dank, du wundervolles,
zartes Geschöpf, du hast mir mein Leeebän gerettet, ich
werde dich auf meinen Scheren tragen, allezeit, wohin du willst!"
„Nein, nein, lass nur, das habe ich doch gerne getan", antwortete
sie lachend. „Weißt du, Helfen macht nämlich großen Spaß.
Schließlich braucht doch jeder irgendwann einmal Hilfe, und außerdem weiß
man so, wozu man nütze ist." „Das macht Sinn", erwiderte der Taschenkrebs,
und noch ehe er sich weiter bei der kleinen Seenadel bedanken konnte,
war Esther schon wieder weggeschwommen. Blitzschnell natürlich.
Aber dafür sind kleine Seenadeln ja bekannt.

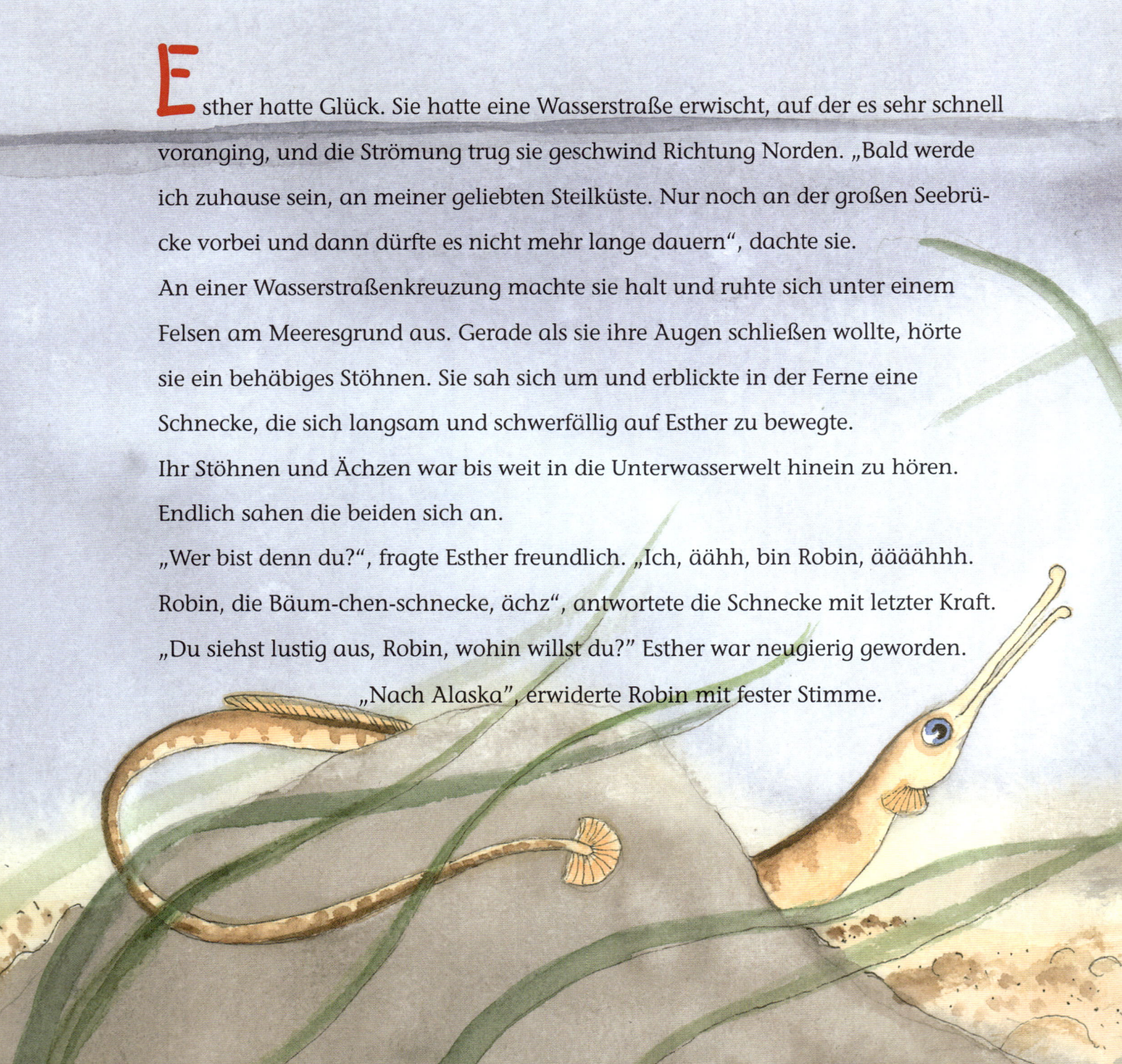

Esther hatte Glück. Sie hatte eine Wasserstraße erwischt, auf der es sehr schnell voranging, und die Strömung trug sie geschwind Richtung Norden. „Bald werde ich zuhause sein, an meiner geliebten Steilküste. Nur noch an der großen Seebrücke vorbei und dann dürfte es nicht mehr lange dauern", dachte sie.

An einer Wasserstraßenkreuzung machte sie halt und ruhte sich unter einem Felsen am Meeresgrund aus. Gerade als sie ihre Augen schließen wollte, hörte sie ein behäbiges Stöhnen. Sie sah sich um und erblickte in der Ferne eine Schnecke, die sich langsam und schwerfällig auf Esther zu bewegte.

Ihr Stöhnen und Ächzen war bis weit in die Unterwasserwelt hinein zu hören. Endlich sahen die beiden sich an.

„Wer bist denn du?", fragte Esther freundlich. „Ich, äähh, bin Robin, äääähh. Robin, die Bäum-chen-schnecke, ächz", antwortete die Schnecke mit letzter Kraft.

„Du siehst lustig aus, Robin, wohin willst du?" Esther war neugierig geworden.

„Nach Alaska", erwiderte Robin mit fester Stimme.

„Was? Nach Alaska? Das ist viel zu weit weg. Das ist doch dort, wo die großen, weißen Eisberge vom Meer bis in den Himmel hineinreichen", belehrte ihn die kleine Seenadel. Doch Robin, die Bäumchenschnecke, gab sich unbeeindruckt. „Man muss an sich glauben, äähh, sich auf den Weg machen, äähh, damit kann man weit kommen! Ääähh."

Mit diesem letzten Seufzer hob er seinen schwammigen Hals und schob sich langsam auf dem sandigen Meeresboden voran. Immer Richtung Norden, dort irgendwo würde er Alaska finden. Esther war beeindruckt. Der kleine Robin hatte nicht viel gesagt, eigentlich hatte er mehr gestöhnt als gesprochen, aber was er gesagt hatte, das wollte die kleine Seenadel sich merken. „Man muss an sich glauben, sich auf den Weg machen, damit kann man weit kommen", wiederholte sie in ihren Gedanken und hoffte, dass die Steilküste nicht mehr weit entfernt war.

Manchmal kann man auf dem Meeresgrund allerlei Dinge finden, die dort nicht hingehören. Alte Kühlschränke zum Beispiel oder verrostete Autokarosserien. Von Algen überwucherte Bretter, Flaschen und Metallcontainer. Kurzum: Müll. Das ist nicht schön und macht das Meer krank. Aber für die vielen kleinen Meeresbewohner ist dies oft ein idealer Tummelplatz zum Verstecken und Fangen spielen. Auf genau so ein Plätzchen schwamm die kleine Seenadel schnurstracks zu und erkannte von weitem das bunte Treiben und Fröhlichsein der anderen Fische.

Auf einer Herzmuschel
erblickte sie eine Garnele.
„Wer bist denn du?",
fragte Esther freundlich.
„Ich bin Greetje, die Garnele",
antwortete sie in aller Ruhe, und dabei verbog sie akrobatisch ihren
rundlichen Körper. Sie schien sehr beschäftigt zu sein, denn unentwegt zippte
und zuppte sie an ihrem glänzend aussehenden Garnelenpanzer herum.
„Was starrst du mich so an?", fragte sie. „Hast du noch nie gesehen,
wie man sich ordentlich putzt?"
Und dabei rollte sie ihre großen, schwarzen Augen im Kreis und hielt ihr Köpf-
chen schief. So, als wäre sie es leid, den vielen dummen Fischen immer wieder
dasselbe zu erklären. „Rrrreinlichkeit ist ein wichtich Ding!", sprach sie ermah-
nend zu der kleinen Seenadel und polierte ihren glänzenden Hinterleib noch

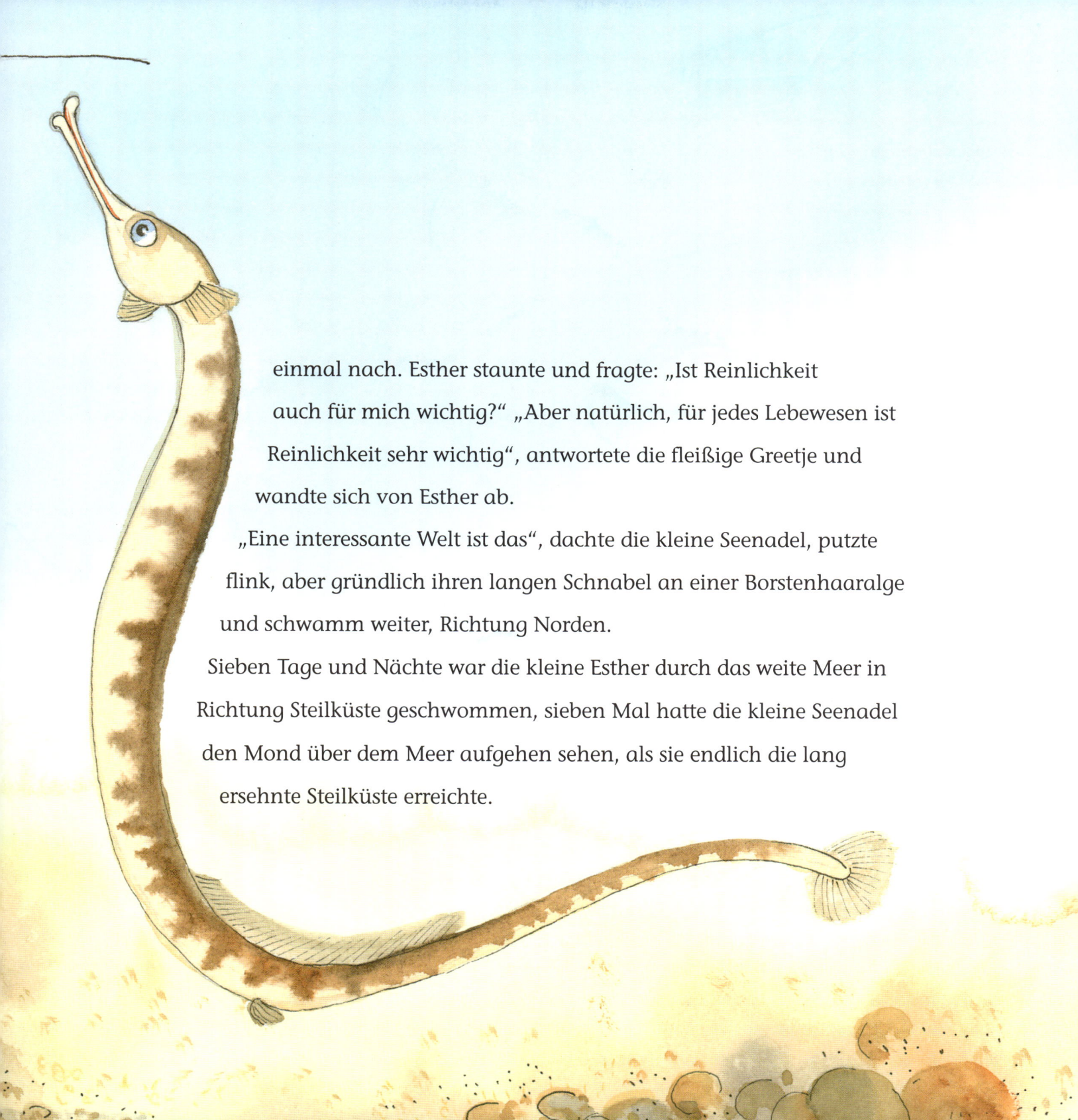

einmal nach. Esther staunte und fragte: „Ist Reinlichkeit auch für mich wichtig?" „Aber natürlich, für jedes Lebewesen ist Reinlichkeit sehr wichtig", antwortete die fleißige Greetje und wandte sich von Esther ab.

„Eine interessante Welt ist das", dachte die kleine Seenadel, putzte flink, aber gründlich ihren langen Schnabel an einer Borstenhaaralge und schwamm weiter, Richtung Norden.

Sieben Tage und Nächte war die kleine Esther durch das weite Meer in Richtung Steilküste geschwommen, sieben Mal hatte die kleine Seenadel den Mond über dem Meer aufgehen sehen, als sie endlich die lang ersehnte Steilküste erreichte.

Und sofort ahnte sie, dass hier schon das nächste Abenteuer auf sie wartete, denn ganz viele Fische und anderes Meeresgetier hatten sich in Ufernähe versammelt und schienen in großer Aufregung zu sein. Eine Ohrenqualle war viel zu nahe an den Strand getrieben und konnte nun aus eigener Kraft nicht mehr zurück in die sicheren Tiefen der Ostsee schwimmen.

Esther näherte sich den Stimmen der anderen Fische.

„Wir müssen ihr helfen", sprach ein Hornhecht und fächelte nervös mit der Rückenflosse. „Sie ist unsere Freundin, sie wird verdursten, wenn sie das Wasser verlässt. Olga, halte durch, wir werden dich irgendwie retten!", jammerten andere herbeigeeilte Ohrenquallen. Esther hatte die Gefahr erkannt und wusste, dass auch sie helfen wollte, die kleine Qualle Olga zu retten. Aber wie? Angestrengt suchte sie nach einer Idee.

Olga sah jämmerlich aus. Hilflos hing sie an der Wasseroberfläche und mit jeder kräftigen Welle trieb sie ein Stück näher
an den bedrohlich sandigen Strand, auf dem sie
mit Sicherheit austrocknen würde.

„Nun redet doch nicht so viel, tut etwas! Mit Reden allein ist ihr nicht geholfen, wir müssen anpacken!", rief ein Butterfisch empört in die aufgewühlte Menge. Aus allen Richtungen sammelten sich aufgeregte Fischstimmen, es war wirklich ein wildes Durcheinander. Plötzlich hatte Esther, die kleine Seenadel, die rettende Idee. „Ich hab's!", rief sie laut und erhob sich mit ihrer klaren Stimme über alle anderen Meerestierfischstimmen hinweg. „Wir können Olga retten!" Die anderen Fische verstummten und blickten erwartungsvoll auf die kleine Seenadel, dann schweiften ihre Blicke hinüber zu Olga, die traurig und kraftlos wie ein abgeschlaffter Luftballon an der Wasseroberfläche trieb und durch die kräftigen Ostseewellen immer wieder gegen den Saum des Strandes gespült wurde. „Wir schaffen es nur, wenn wir gemeinsam einen Ring um Olga ziehen. Es muss eine Flosse in die andere greifen, so, als wären wir eine starke Kette", ereiferte sich Esther laut und zeichnete mit ihrem langen Schnabel einen Rettungsplan in den feinen Sand am Meeresgrund.

D ie anderen Tiere staunten und waren froh, endlich helfen zu können. Blitzschnell stellten sie sich in einer langen Reihe auf, reichten sich die Flossen, schwammen um Olga herum und bildeten einen Kreis um das ermüdete Tier. Einige Fische sprachen tröstende Worte zu der traurig ausschauenden Olga. „Wir schaffen es, hab' keine Angst", flüsterte eine helfende Plattmuschel, „Gleich bist du in Sicherheit", grummelte ein ausgewachsener Hering wohlwollend. Olga seufzte, aber wenn man genau hinsah, konnte man auch Hoffnung in ihrem hübschen Quallengesicht erkennen.

Schließlich schwammen alle Tiere mit vereinten Kräften Richtung Westen hinaus aufs offene Meer und zogen so die kraftlose Qualle heraus aus der Gefahr, hinein in das ihr vertraute tiefe Wasser. Das war gar nicht so leicht. Aber wenn alle gemeinsam helfen, dann kann man es irgendwie schaffen. Esther, die kleine Seenadel, nahm ihre ganze Kraft zusammen und sprach wieder leise vor sich hin: „Viele kleine Flossenschläge machen einen langen, weiten Weg", wie sie es in der Kleinfischschule gelernt hatte. Aber das kennt ihr ja schon. Und in der Tat: So kamen die Tiere gut voran, und die Qualle Olga wurde gerettet.

Das war ein Fest!

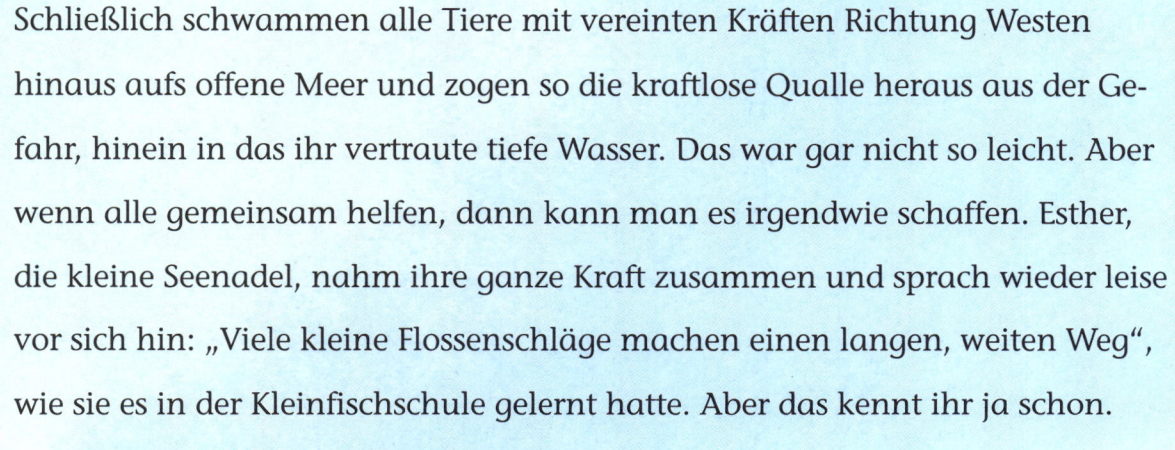

Alle Tiere freuten sich und tanzten im Kreis um Olga herum. Und Olga? - Die war an diesem Tag sicherlich die glücklichste Ohrenqualle in der großen, weiten Ostsee.

Opa Ludwig und Oma Inge trauten ihren Augen kaum, als sie mit ihren Enkelkindern Jan und Leon, Jule und Sarah in der Ostsee baden gingen.

Da standen sie mit ihren Beinen im bewegten Wasser und sahen all die Tiere im Kreis um Olga schwimmen und konnten miterleben, wie die kleine Qualle gerettet wurde. „Du, Opa, was machen die Tiere da?", fragte der kleine Jan.

„Das sieht mir ganz so aus, als würden die anderen Tiere der kleinen Qualle helfen", antwortete Opa Ludwig entzückt.

„Opa, hast du auch schon mal geholfen?", wollte der ältere Leon wissen.
„Aber natürlich", antwortete der Opa mit ruhiger Stimme. „Helfen macht großen Spaß. Schließlich braucht doch jeder einmal Hilfe, und dann weiß man wenigstens, wozu man nütze ist." „Das macht Sinn", stimmte ihm die kleine Jule zu. Jetzt wurde auch Oma Inge neugierig. „Sag mal, Opa Ludwig, wem hast du denn geholfen?" Der Opa lachte. Und verschmitzt antwortete er: „Das erzähle ich euch gleich im Strandkorb bei einer leckeren Kugel Eis."
„Oh jaaa", jubelten die Kinder und sprangen vor Freude in die Höhe.
Mit einem letzten Blick nahmen die Kinder Abschied von der Qualle Olga und ihren helfenden Freunden. „Helfen ist wirklich schön", juchzte die kleine Sarah und hüpfte barfuß dem Strandkorb entgegen.

Und du? Hast du auch schon mal jemandem geholfen?

Die große Welt der kleinen Seenadel

Folgende Bücher und CDs von Nicole Bernard sind bisher erschienen:

Die kleine Seenadel Bilderbuch
Jeder ist wichtig, ab 6 Jahren, 24 S.
ISBN: 978-3-941652-00-2 ....12,80 €

Die kleine Seenadel Bilderbuch
Auf zur Steilküste, ab 3 Jahren, 24 S.
ISBN: 978-3-941652-01-9 ....16,80 €

Die kleine Seenadel Bilderbuch
Kleinfischschule Ahoi, ab 5 Jahren, 24 S.
ISBN: 978-3-941652-02-6 ....14,80 €

Die kleine Seenadel Bilderbuch
Heimweh nach Fischland, ab 5 Jahren, 24 S.
ISBN: 978-3-941652-03-3 ....12,80 €

Das kleine Wildschwein Bilderbuch
Waldemar, 2-7 Jahre, 24 S.
ISBN: 978-3-941652-09-5 ....12,80 €

Die kleine Seenadel Malbuch
ab 5 Jahren
ISBN: 978-3-941652-06-4 .... 3,40 €

Abenteuer mit den Fischlandkindern Buch
Einfach genial, 8-13 Jahre, 112 S.
ISBN: 978-3-941652-04-0 .... 12,80 €

Abenteuer mit den Fischlandkindern Buch
Gewitterfront am Bakelberg, 9-14 Jahre, 140 S.
ISBN: 978-3-941652-08-8 .... 14,80 €

Die kleine Seenadel CD
Das Hörbuch - Geschichten & Lieder
ISBN: 978-3-941652-05-7 .... 12,80 €

Die kleine Seenadel Bilderbuch
Gute-Nacht-Geschichten, 3-7 Jahre, 24 S.,
ISBN: 978-3-941652-10-1 .... 14,80 €

Preisänderungen vorbehalten.

• Buchungsanfragen für Kinder-Erlebnis-Lesungen mit der kleinen Seenadel: **mail@fischlandverlag.de**

Die kleine Seenadel empfiehlt:
Familienurlaub an der Ostsee
im „Haus Meermaler"

www.meerfischland.de

Weitere tolle Produkte rund um die
Erlebniswelt der kleinen Seenadel
finden Sie im Shop:
www.die-kleine-seenadel.de